Roches & Minéraux

Un livre Dorling Kindersley
www.dk.com

Édition originale publiée en Grande-Bretagne en
2002 par Dorling Kindersley Limited, sous le titre :
Eye Wonder : Rocks and Minerals

Copyright © 2004 Dorling Kindersley Limited,
Londres
Copyright © 2007 Gallimard Jeunesse
pour la traduction française
Copyright © 2007 ERPI pour l'édition française
au Canada

Responsable éditorial Thomas Dartige
Suivi éditorial Éric Pierrat

Réalisation de l'édition française
ML ÉDITIONS, Paris, sous la direction
de Michel Langrognet
Traduction Sylvie Deraime
Couverture Raymond Stoffel et Aubin Leray

5757, RUE CYPIHOT
SAINT-LAURENT (QUÉBEC)
H4S 1R3

www.erpi.com/documentaire

Dépôt légal – Bibliothèque et Archives nationales
du Québec, 2007
Dépôt légal – Bibliothèque et Archives Canada, 2007

ISBN-10: 2-7613-2278-9
ISBN-13: 978-2-7613-2278-2
K 22789

Imprimé en Italie
Édition vendue exclusivement au Canada

Sommaire

voiture

téléphone

bijoux

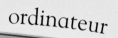
vêtements

Planète rocheuse

La Terre est formée de roches et de minéraux que l'on extrait pour fabriquer la plupart des objets qui nous entourent. Même notre corps contient des minéraux essentiels à son fonctionnement.

dentifrice

ordinateur

nous !

maison

4

cristaux de quartz + cristaux de feldspath + cristaux de mica = granite

feldspath (rose et blanc)

mica (noir)

quartz (gris)

Fabriquons une roche

Les roches sont constituées de cristaux de minéraux. Elles diffèrent en fonction des minéraux qu'elles contiennent. Certaines sont faites d'un seul minéral.

La croûte et le manteau sont formés de nombreuses roches différentes, compressées.

La croûte terrestre a une épaisseur comprise entre 5 km et 68 km.

Croûte

Manteau

Noyau externe

Noyau

La Terre serait née il y a environ 4,6 milliards d'années.

Magasin général

Les objets que nous utilisons viennent de notre planète, la Terre. La matière première qui sert à les fabriquer est extraite de la croûte. Nous ne pouvons pas creuser plus profond.

À retenir

- Notre corps contient plus de 60 minéraux, dont 9 sont vitaux.

- Certains minéraux mettent des milliers d'années à se former ; d'autres quelques minutes.

Fabriquons du shampoing

Voici quelques minéraux qui entrent dans la composition du shampoing.

Goudron de houille argile de lithium   sélénium   shampoing

Des débuts volcaniques

Si l'on presse de l'argile entre les mains,
on sent qu'elle déborde entre les doigts.
C'est un peu ce qui se passe à l'intérieur
d'un volcan. La pression augmente jusqu'à
l'éruption. Brroaa ! C'est la première étape
dans la formation de nouvelles roches.

*Le magma qui
s'écoule d'un volcan
est appelé lave.*

Le magma est poussé à l'extérieur du volcan.

*De précédentes
éruptions ont formé
une montagne en cône.*

*Chambre magmatique
(réservoir de magma)*

Place à la roche nouvelle !

Dans le manteau terrestre, il fait si chaud que
la roche fond. Parfois, cette roche fondue,
appelée magma, s'accumule dans des réservoirs
et jaillit aux points faibles de la croûte.

Avalanche rocheuse

Les éruptions sont si puissantes que parfois elles détruisent en partie le volcan. D'énormes roches sont alors projetées en l'air.

Quelle est cette falaise ?

Une éruption volcanique peut déposer d'épaisses couches de cendres, de poussière et de roche. Le paysage en est transformé.

La gamme des débris volcaniques va de la poussière et des cendres aux roches de la taille d'une maison.

Ship Rock

Voici les vestiges d'un ancien volcan : il n'en reste que le cœur solidifié.

Ship Rock (le «rocher bateau») doit son nom à sa forme de vaisseau.

Ship Rock, aux États-Unis, est né d'un bouchon de magma bloqué dans le conduit d'un volcan.

La vie d'une roche

Toutes les roches se ressemblent-elles ?
En réalité, il y en a de nombreuses sortes
que l'on peut grouper en trois types.
Alors que vous lisez ce livre, des roches
se forment (et sont détruites).

Les débuts
Les toutes premières roches
terrestres étaient des roches
magmatiques : de la roche
fondue ayant durci.

*En refroidissant,
la roche fondue
donne une roche
magmatique.*

Morceau
par morceau
Les roches sédimentaires se
forment par empilement de
morceaux de roches au fond
de l'eau. Des milliers d'années
plus tard, ces sédiments
se sont cimentés.

Les roches

forment

Les sédiments

Les sédiments se déposent au fond des océans, des fleuves et des lacs.

sédimentaires

des couches.

sont compressés.

De plus en plus chaud

Les roches métamorphiques résultent de la transformation des roches écrasées et chauffées dans les profondeurs de la croûte terrestre.

La pression et la chaleur accompagnant le soulèvement du granite entraînent la formation d'orthogneiss.

Granite

Dans les profondeurs de la Terre, les roches sont compressées et chauffées.

Orthogneiss

RECYCLAGE

Au fil du temps (sur des milliers d'années), chaque type de roche peut se transformer en l'un des deux autres types : cela dépend de ce qui lui arrive.

Les roches magmatiques

Les roches magmatiques forment la majeure partie de la croûte terrestre. Mais on peut aussi les voir sur la Chaussée des Géants.

La chevelure de Pelé est formée de gouttes de lave étirées par le vent.

La pierre ponce est la seule roche qui flotte.

La pierre ponce provient du cœur des volcans.

L'obsidienne a une surface brillante. C'est du verre volcanique.

Des cheveux au verre

Les volcans produisent toute une gamme de roches magmatiques. En voici trois exemples ci-dessus.

Tower Bridge à Londres est en granite.

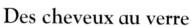

Des constructions durables

Le granite est la roche magmatique la plus commune. Très résistant, il est utilisé dans la construction depuis des milliers d'années.

La Chaussée des Géants

Les 40 000 colonnes de la Chaussée des Géants, le long de la côte d'Antrim, en Irlande du Nord, sont formées de lave basaltique solidifiée. En refroidissant, la lave a rétréci, ce qui a créé ces colonnes hexagonales.

On dit que des géants utilisaient la Chaussée pour franchir la mer jusqu'en Écosse.

À retenir

● Plus la roche fondue refroidit lentement, plus les cristaux composant la roche magmatique seront gros.

● Le granite refroidit lentement et contient de gros cristaux. L'obsidienne, qui refroidit vite, contient de petits cristaux.

11

Les roches sédimentaires

La craie de ces hautes falaises blanches est une roche sédimentaire. Elle s'est formée à partir des coquilles et des squelettes de petits animaux marins. Imaginez combien il en a fallu pour édifier une seule falaise !

L'un après l'autre

Les animaux marins à l'origine de la craie sont minuscules. Selon les scientifiques, ces falaises auraient grandi de 0,5 mm par an : cela représente environ 180 animaux empilés l'un au-dessus de l'autre. Il faut donc des millions d'années pour fabriquer de la craie.

Les mouvements de la croûte ont soulevé les falaises au-dessus de la mer.

Des plantes aux roches

Les roches sédimentaires peuvent se former par décomposition des végétaux morts. Une fois enfouis, ceux-ci sont compressés, jusqu'à former du charbon.

Ire année

De la matière végétale…

à la tourbe…

12

Super, du sable !

Tous les enfants aiment
jouer dans le sable jaune.
Ce sable est un sédiment.
Dans des milliers
d'années, il sera peut-
être devenu du grès,
une roche sédimentaire.

*L'érosion continue des
roches produit du sable,
après des millions d'années.*

Outre des coquilles, la craie peut contenir
des fossiles marins plus gros.

Du nougat de cailloux

Cette roche sédimentaire est
formée de cailloux cimentés,
comme des fruits pris dans une pâte.

après 90 millions d'années

au lignite…

*au charbon
bitumeux…*

et après 360 millions d'années.

…au charbon

Les roches métamorphiques

Le mot métamorphique vient du grec *meta* (« après ») et *morphê* (« forme »). Ce type de roche apparaît quand une roche est chauffée et compressée.

Nées des montagnes

Les roches métamorphiques peuvent se former lorsque des montagnes se soulèvent. Elles entourent ici une ancienne carrière d'ardoise.

Marbre magique

Le marbre est une superbe roche métamorphique. Dans les carrières, on extrait de gros blocs découpés avec des câbles acérés.

Chaque bloc pèse des milliers de tonnes.

On sculpte des statues dans le marbre.

Montagne d'ardoise

L'ardoise est une roche métamorphique formée à partir de boue et d'argile litée. L'argile a été écrasée lors du soulèvement des montagnes. L'ardoise se débite facilement en feuilles.

Plis ondulants

Les roches chauffées peuvent fondre en partie et s'écouler dans une roche « hôte ». Cela produit une roche métamorphique à motifs ondulants, appelée migmatite.

Un palais éblouissant

Le marbre poli brille au soleil et donne des bâtiments spectaculaires. Le Tadj Mahall, en Inde, est l'un des monuments en marbre les plus célèbres du monde.

Dans la roche hôte noire, une roche plus claire a dessiné des plis.

Le marbre se forme à partir de calcaire.

Le matériel de coupe est refroidi à l'eau.

Les roches de l'espace

Environ 23 tonnes de poussière tombent chaque jour sur la Terre. Cette poussière fine vient de l'espace. Parfois, c'est un rocher spatial qui heurte la Terre : on l'appelle une météorite.

Chute de météorites

Les météorites sont des morceaux de roche ou de métal qui heurtent la Terre. Certaines sont des fragments d'astéroïdes, gros corps rocheux qui tournent autour du Soleil, entre Mars et Jupiter. La plupart sont des morceaux de comètes.

Nous avons la preuve qu'une énorme météorite est tombée sur la Terre il y a 65 millions d'années, entraînant la disparition des dinosaures.

Les météorites touchent la Terre.
Les météores brûlent dans l'atmosphère.
Les comètes survolent la Terre.

Qu'y a-t-il dedans ?

Les météorites issues d'astéroïdes contiennent des métaux ainsi que des roches. Celles issues de comètes contiennent surtout des roches.

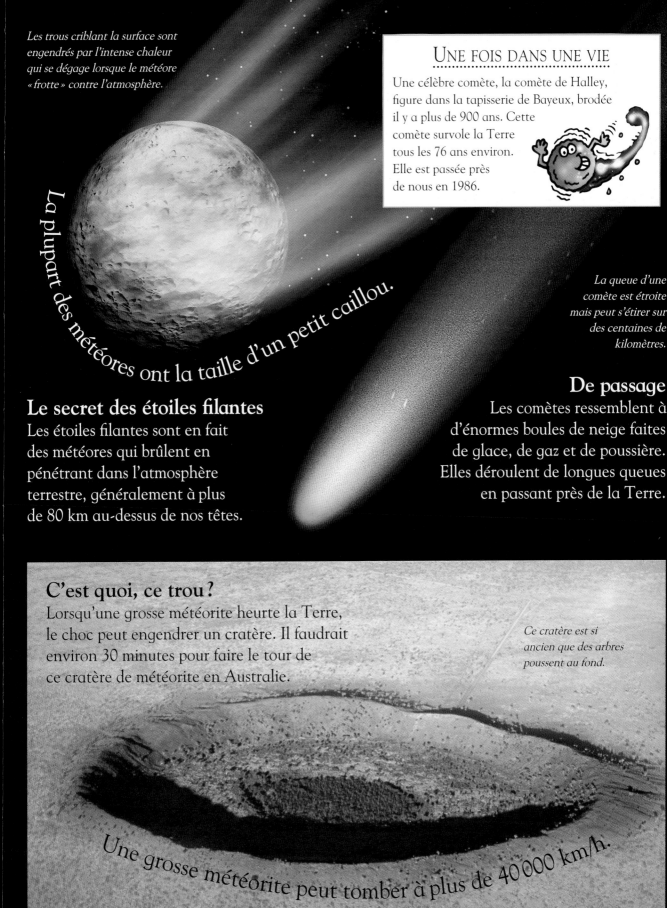

Les trous criblant la surface sont engendrés par l'intense chaleur qui se dégage lorsque le météore « frotte » contre l'atmosphère.

La plupart des météores ont la taille d'un petit caillou.

La queue d'une comète est étroite mais peut s'étirer sur des centaines de kilomètres.

Le secret des étoiles filantes

Les étoiles filantes sont en fait des météores qui brûlent en pénétrant dans l'atmosphère terrestre, généralement à plus de 80 km au-dessus de nos têtes.

De passage

Les comètes ressemblent à d'énormes boules de neige faites de glace, de gaz et de poussière. Elles déroulent de longues queues en passant près de la Terre.

C'est quoi, ce trou ?

Lorsqu'une grosse météorite heurte la Terre, le choc peut engendrer un cratère. Il faudrait environ 30 minutes pour faire le tour de ce cratère de météorite en Australie.

Ce cratère est si ancien que des arbres poussent au fond.

Une grosse météorite peut tomber à plus de 40 000 km/h.

Beauté cachée

Brrrr ! Les grottes sont humides, froides et obscures. Pourtant, si l'on a la chance de visiter une grande grotte aménagée pour le public et éclairée, on découvre de superbes sculptures rocheuses.

Cette aiguille est plus longue qu'un terrain de football.

Cette grotte s'est élargie en une vaste caverne.

Dégâts des eaux

Si l'eau s'écoule constamment, en quelques milliers d'années elle grignote un bon morceau de roche. Après 100 000 ans, une grotte est formée, qui continue ensuite à s'élargir.

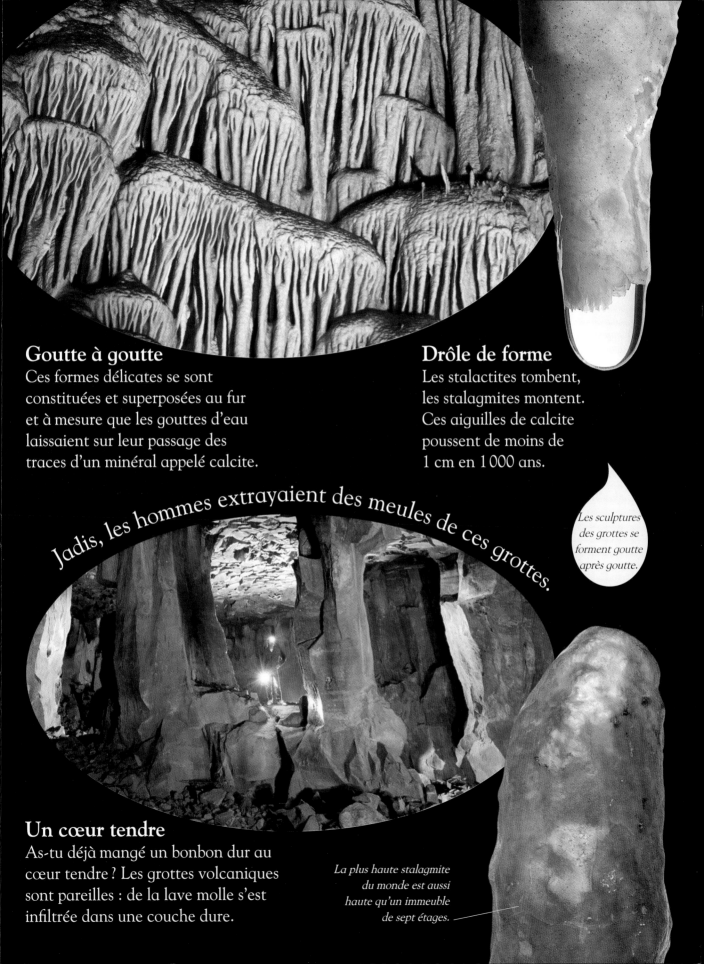

Goutte à goutte

Ces formes délicates se sont
constituées et superposées au fur
et à mesure que les gouttes d'eau
laissaient sur leur passage des
traces d'un minéral appelé calcite.

Drôle de forme

Les stalactites tombent,
les stalagmites montent.
Ces aiguilles de calcite
poussent de moins de
1 cm en 1 000 ans.

*Les sculptures
des grottes se
forment goutte
après goutte.*

Jadis, les hommes extrayaient des meules de ces grottes.

Un cœur tendre

As-tu déjà mangé un bonbon dur au
cœur tendre ? Les grottes volcaniques
sont pareilles : de la lave molle s'est
infiltrée dans une couche dure.

*La plus haute stalagmite
du monde est aussi
haute qu'un immeuble
de sept étages.*

L'érosion

Les roches ne sont pas éternelles.
Exposées au vent, à l'eau – de la
pluie à l'écume des vagues –, à
l'action des glaciers ou aux variations
de température, elles changent peu à peu.

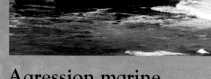

On voit bien sur ces cheminées de fée les différentes couches de roches sédimentaires.

Agression marine

Il y a bien longtemps, ces
rochers faisaient partie de la
côte australienne. Ils en ont
été séparés par le battement
incessant des vagues.

La roche environnante a été emportée.

Sculptées par le vent et l'eau

Les cheminées de fée sont des colonnes de grès
tendre surmontées d'un chapeau en roche plus
dure. Le chapeau a empêché la pluie et le vent
d'attaquer la roche au-dessous de lui.

Victime des pluies acides

Les gaz polluants rejetés par les véhicules se mêlent à la pluie qu'ils rendent acide. Cette pluie acide attaque la roche. Cette statue en est la victime.

Les cheminées de fée, toujours groupées, forment des paysages spectaculaires.

Creusé par un fleuve

Au fil de millions d'années, le fleuve Colorado a creusé son lit dans la roche, créant le Grand Canyon, aux États-Unis. Il est profond de 1 829 m.

Dès que la cheminée perd son chapeau protecteur, elle est victime de l'érosion.

L'érosion crée des sédiments.

À retenir

● Quand les éléments usent la roche et l'emportent, on parle d'érosion. Si la roche reste sur place, on parle de météorisation.

● Les végétaux contribuent à l'érosion quand ils plantent leurs racines dans les fissures rocheuses.

Un glacier est capable d'émietter la roche.

Creuser sa voie

Un glacier est une énorme masse de glace qui se déplace lentement. Né de l'accumulation de la neige au sommet d'une montagne, il avance peu à peu en emportant des roches.

Progression lente
En général, les glaciers n'avancent que de quelques centimètres par jour. Ils s'arrêtent au bas de la montagne, où la glace fond, ou sur la côte, où de gros blocs se détachent.

22

Chemin balisé

En avançant, le glacier ramasse toutes sortes de roches et de sédiments, qui produisent des traînées sombres à sa surface.

En avançant, le glacier creuse une vallée profonde.

De la roche à la farine !

Les roches que le glacier transporte rayent le fond et les côtés de la vallée glaciaire et leur arrachent des petits grains de roche, appelés farine de roche.

Le glacier emporte la farine de roche. Une partie se dépose dans les lacs glaciaires.

Une grosse pincée de couleur !

Les lacs de montagne sont souvent d'un bleu turquoise étonnant. Cette couleur est due à la farine de roche qu'y a déposé un glacier en fondant.

Les grains de roche dans l'eau réfléchissent la lumière d'une façon particulière.

Les cristaux

Les flocons de neige sont composés de petits cristaux de glace collés entre eux. La roche contient des cristaux semblables, qui peuvent être taillés et polis.

Des couleurs superbes

Beaucoup de cristaux sont richement colorés. Cette améthyste violette est une forme du quartz. Elle peut être plus ou moins claire.

L'améthyste est

Petit ou grand

Les minuscules cristaux qui constituent le sable des déserts sont des cristaux de quartz. Le quartz peut aussi former des cristaux énormes. Le plus grand cristal de roche connu est long de 6 m !

Les cristaux continuent de grandir tant que les conditions de formation ne changent pas.

UNE SUCETTE DE QUARTZ ?

Le mot cristal vient du grec *kyros* : « froid comme la glace ». Les Grecs de l'Antiquité croyaient que les cristaux de quartz étaient faits de glace si froide qu'elle ne pouvait fondre.

Serait-ce du tissu ?

Tous les cristaux ne sont pas durs.
Voici un cristal de trémolite.
Il se présente en mèches fibreuses
semblables aux fils d'un tissu.
Mais coudre de la trémolite
pourrait nous rendre malades.

Les mèches de trémolite paraissent soyeuses et transparentes, car la lumière passe à travers les fibres.

appréciée pour sa couleur.

Un peu trop salé

Le sel est aussi une roche
cristalline. En Bolivie, on a
construit un hôtel en
briques de sel. Même les
meubles sont en sel !

En s'évaporant,

l'eau salée laisse des cristaux de sel.

Des pierres qui guérissent ?

Certaines personnes croient
que les cristaux pourraient
avoir des pouvoirs spéciaux.
Le jade aiderait à la relaxation,
le lapis-lazuli favoriserait l'amitié.

Lapis-lazuli

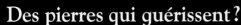

Jade poli

Quel éclat !

Des diamants aux rubis, certaines roches sont précieuses : on les appelle des gemmes. Elles sont extraites à grand coût de la Terre, taillées, polies et montées en bijoux.

Plus qu'une roche

La plupart des gemmes sont issues des roches. Voici une jolie pierre incrustée de rubis.

Une gemme est une pierre richement colorée.

Le rubis peut être taillé et poli en rond ou à degrés.

Éblouissant

Une pierre taillée réfléchit mieux la lumière. Un diamant taillé peut présenter jusqu'à 58 facettes. Le diamant est le minéral le plus dur qui soit.

Pierres du bonheur

Certains croient que porter la pierre associée à son mois de naissance porte chance.

Janvier	Février	Mars	Avril	Mai
Grenat	*Améthyste*	*Aigue-marine*	*Diamant*	*Émeraude*

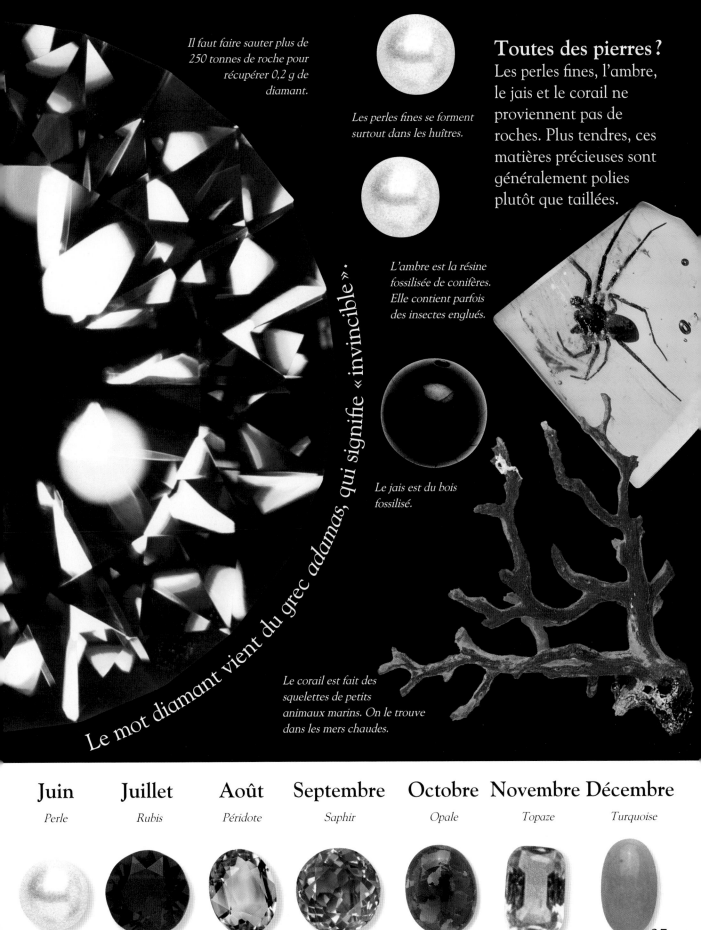

Il faut faire sauter plus de 250 tonnes de roche pour récupérer 0,2 g de diamant.

Les perles fines se forment surtout dans les huîtres.

Toutes des pierres?

Les perles fines, l'ambre, le jais et le corail ne proviennent pas de roches. Plus tendres, ces matières précieuses sont généralement polies plutôt que taillées.

L'ambre est la résine fossilisée de conifères. Elle contient parfois des insectes englués.

Le jais est du bois fossilisé.

Le mot diamant vient du grec adamas, qui signifie « invincible ».

Le corail est fait des squelettes de petits animaux marins. On le trouve dans les mers chaudes.

Juin	Juillet	Août	Septembre	Octobre	Novembre	Décembre
Perle	*Rubis*	*Péridote*	*Saphir*	*Opale*	*Topaze*	*Turquoise*

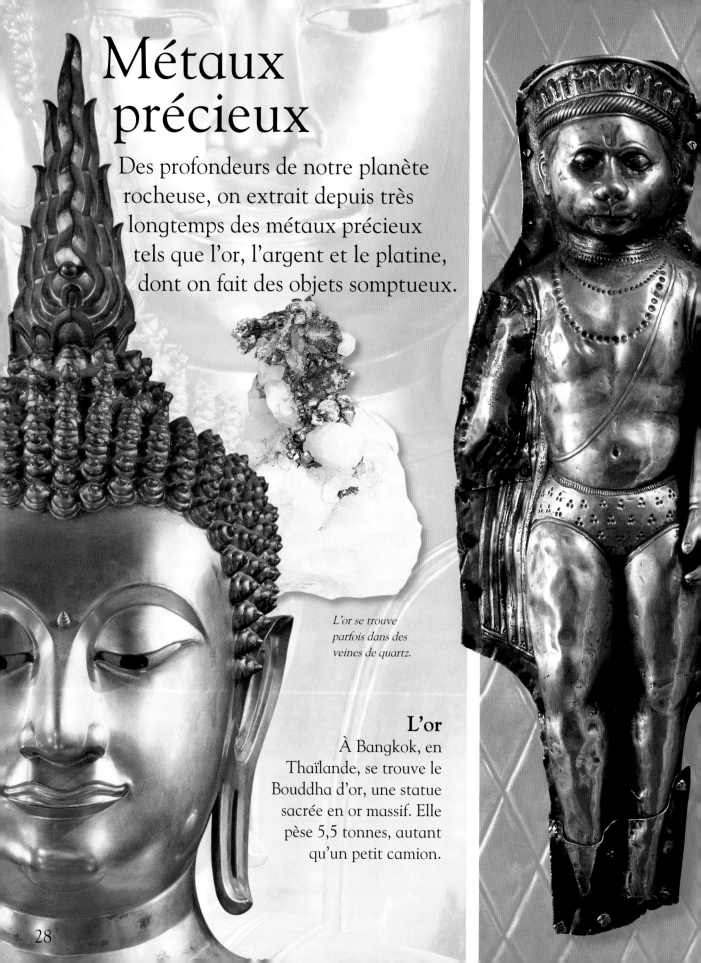

Métaux précieux

Des profondeurs de notre planète rocheuse, on extrait depuis très longtemps des métaux précieux tels que l'or, l'argent et le platine, dont on fait des objets somptueux.

L'or se trouve parfois dans des veines de quartz.

L'or
À Bangkok, en Thaïlande, se trouve le Bouddha d'or, une statue sacrée en or massif. Elle pèse 5,5 tonnes, autant qu'un petit camion.

Le platine

Le platine est le métal le plus cher. Cela méritait bien d'en faire une couronne, l'un des joyaux de la Couronne britannique !

L'argent se présente parfois sous forme de filaments.

Cette pépite rare de platine pèse autant que dix pommes.

L'argent

Il y a 700 ans, l'argent avait plus de valeur que l'or. On tirait de ce métal tendre des pièces de monnaie, des bijoux et des statues, comme cette statue hindoue.

Extrayez ce métal !

Certains métaux se dissimulent sous forme de minéraux dans les roches. La roche qui les contient est appelée minerai. Elle peut se trouver près de la surface ou dans le sous-sol.

Tuyau de cuivre

Une partie du cuivre extrait de cette mine est utilisée pour fabriquer des tuyaux.

Boum !

Une mine à ciel ouvert est un endroit très bruyant. Les mineurs font sans cesse exploser la roche pour en extraire le métal.

Creusons un trou

La plupart des métaux sont extraits de mines à ciel ouvert. On fait exploser la surface pour enlever, camion après camion, des tonnes de roche.

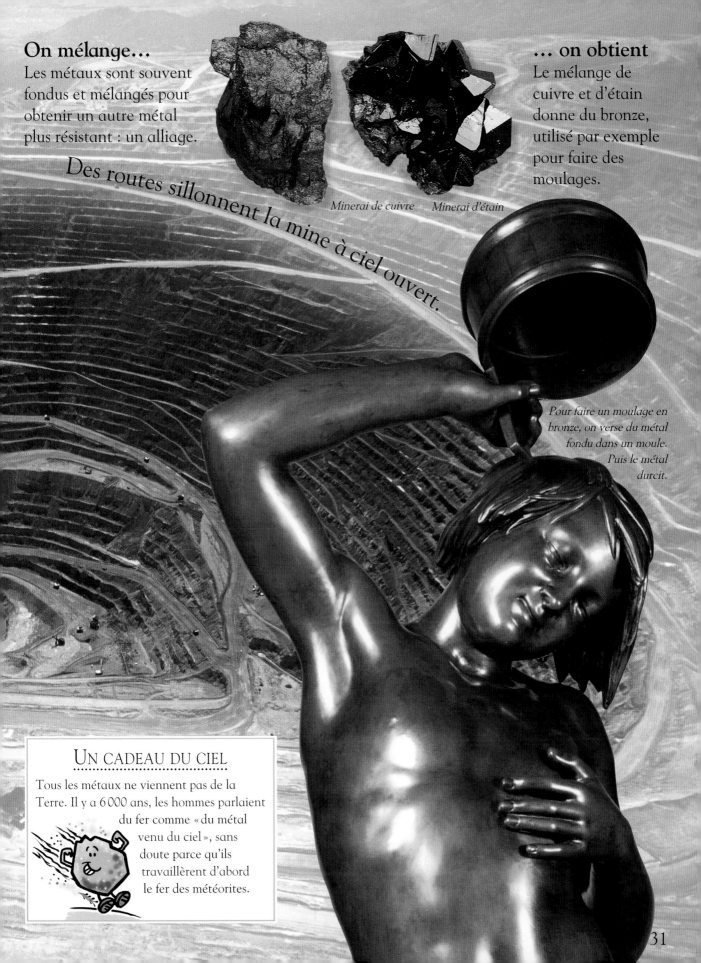

On mélange…

Les métaux sont souvent fondus et mélangés pour obtenir un autre métal plus résistant : un alliage.

… on obtient

Le mélange de cuivre et d'étain donne du bronze, utilisé par exemple pour faire des moulages.

Minerai de cuivre *Minerai d'étain*

Des routes sillonnent la mine à ciel ouvert.

Pour faire un moulage en bronze, on verse du métal fondu dans un moule. Puis le métal durcit.

UN CADEAU DU CIEL

Tous les métaux ne viennent pas de la Terre. Il y a 6 000 ans, les hommes parlaient du fer comme «du métal venu du ciel», sans doute parce qu'ils travaillèrent d'abord le fer des météorites.

31

L'art et la roche

Lorsque l'on dessine à la craie, on utilise
de la roche. Depuis des milliers d'années,
les artistes se servent des couleurs contenues
dans certaines roches et minéraux.

Pas besoin de papier

Les parois des grottes servirent
de support aux premiers artistes.
Ils utilisaient un mélange de
matériaux pour produire quatre
ou cinq couleurs.

Les premières grottes ornées
datent de 32 000 ans !

*Le noir était obtenu
grâce à du charbon
de bois : des restes de
bois brûlé.*

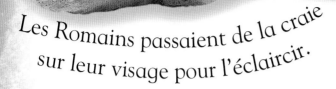

Les Romains passaient de la craie sur leur visage pour l'éclaircir.

Source de lumière

La craie, roche sédimentaire, est salissante mais reproduit magnifiquement la façon dont la lumière éclaire un objet ou un visage.

À retenir

● Les premiers artistes utilisaient beaucoup l'ocre, une sorte d'argile, pour obtenir du rouge ou du brun.

● Pendant longtemps, les peintres broyèrent des roches colorées qu'ils mélangeaient avec de la graisse animale, pour obtenir leurs couleurs.

L'auteur de cette peinture vieille de 600 ans a utilisé de l'or.

Le cinabre fut d'abord utilisé dans la Chine ancienne.

Rouges intenses

La poudre de cinabre, un minéral, donne un rouge éclatant qui fut beaucoup utilisé dans l'art religieux du Moyen Âge.

On extrait du cinabre le mercure, un métal toxique.

La pierre dans l'histoire

Il y a des millions d'années, quelqu'un quelque part ramassa une pierre et l'utilisa comme outil. Les humains allaient découvrir de plus en plus de façons d'utiliser la pierre.

Au bord de la route

Autrefois, il n'y avait pas d'engins de transport. Les gens utilisaient les matériaux disponibles à proximité. Ces toits sont couverts d'ardoise, extraite d'une carrière voisine.

34

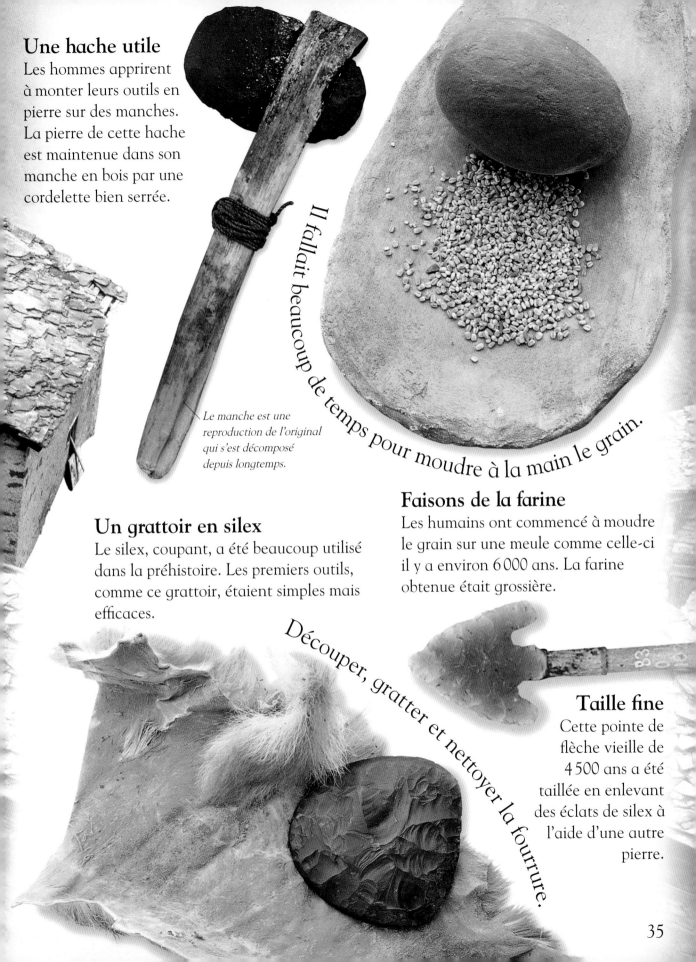

Une hache utile

Les hommes apprirent à monter leurs outils en pierre sur des manches. La pierre de cette hache est maintenue dans son manche en bois par une cordelette bien serrée.

Le manche est une reproduction de l'original qui s'est décomposé depuis longtemps.

Il fallait beaucoup de temps pour moudre à la main le grain.

Un grattoir en silex

Le silex, coupant, a été beaucoup utilisé dans la préhistoire. Les premiers outils, comme ce grattoir, étaient simples mais efficaces.

Faisons de la farine

Les humains ont commencé à moudre le grain sur une meule comme celle-ci il y a environ 6 000 ans. La farine obtenue était grossière.

Découper, gratter et nettoyer la fourrure.

Taille fine

Cette pointe de flèche vieille de 4 500 ans a été taillée en enlevant des éclats de silex à l'aide d'une autre pierre.

35

Construire

Les roches sont présentes partout dans la ville moderne : sur les trottoirs et sur les routes, dans les maisons ou les immeubles comme dans les hauts gratte-ciel.

Sortie du moule

Les briques sont en argile. Cette roche malléable est moulée puis cuite dans d'énormes fours.

Gratte-ciel

Un gratte-ciel est fait de différents matériaux fabriqués par l'homme, posés sur une armature en acier. Beaucoup de ces matériaux proviennent des roches.

L'armature en acier des bâtiments est à la fois résistante et flexible : elle bouge par vent fort.

sable + gravier + ciment + eau = béton

En béton

En mélangeant les ingrédients ci-dessus, on obtient du béton, un matériau de construction qui durcit rapidement. Le béton est utilisé partout dans le monde.

Les Romains utilisaient déjà le béton.

Aujourd'hui, le verre des fenêtres est souvent traité pour être plus solide.

Que la lumière soit !

Le verre naturel, d'origine volcanique, est aussi vieux que la Terre. Les premières plaques de verre faites par l'homme remontent à environ 1 000 ans.

Parfum de mystère

Certaines roches et certains minéraux sont si bizarres qu'ils ont donné naissance à des légendes. Des ongles du diable aux roses des sables, le fantastique est autour de nous.

Wave Rock est aussi haut qu'un immeuble de quatre étages.

Des serpents de pierre ?

Autrefois, on croyait que les fossiles d'ammonites étaient des serpents enroulés, changés en pierre par une religieuse du VIIe siècle, une certaine sainte Hilda. En réalité, les ammonites sont des animaux marins à coquille datant de la préhistoire.

Une vague rocheuse

Cet énorme rocher australien a été baptisé Wave Rock, ce qui signifie « Vague rocheuse ». Il mesure une fois et demie la longueur d'un avion gros-porteur. Sa forme résulte de l'érosion de la roche tendre sous la bordure supérieure.

Une fausse racine

Ce ne sont pas les racines d'un arbre. Il s'agit de fulgurite, une roche qui se forme lorsque la foudre frappe le sable et amalgame les grains.

La bifurcation correspond à la trajectoire de l'éclair.

Qui a perdu ses ongles ?

Ces formes étranges ne sont pas les ongles du diable, comme on le croyait jadis, mais des fossiles de coquilles d'huîtres.

La fulgurite est un type de verre.

Où va-t-on ?

La magnétite est un minéral magnétique riche en fer. On l'utilisait jadis pour fabriquer les aiguilles aimantées des boussoles.

Vraies ou fausses ?

Les roses des sables ne sentent hélas rien. Ces créations du désert sont une forme du barite, un minéral.

Les traînées ont été laissées par des minéraux emportés par la pluie.

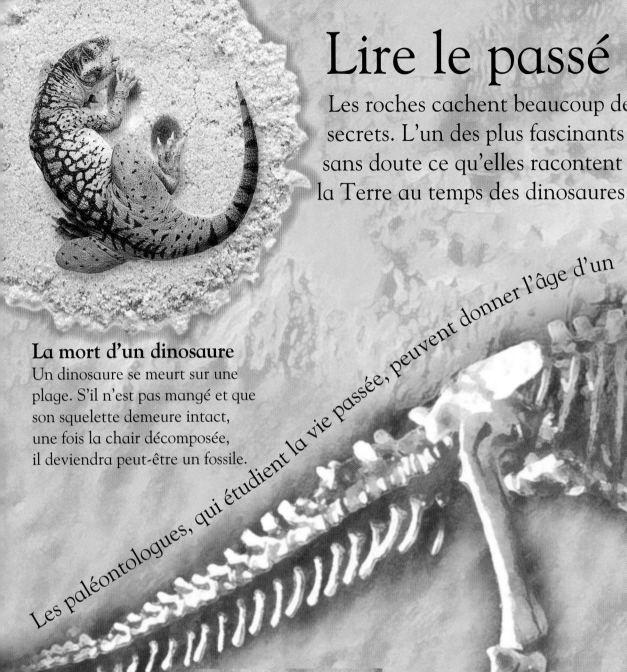

Lire le passé

Les roches cachent beaucoup de secrets. L'un des plus fascinants est sans doute ce qu'elles racontent sur la Terre au temps des dinosaures.

La mort d'un dinosaure

Un dinosaure se meurt sur une plage. S'il n'est pas mangé et que son squelette demeure intact, une fois la chair décomposée, il deviendra peut-être un fossile.

Les paléontologues, qui étudient la vie passée, peuvent donner l'âge d'un

Qu'est-ce donc ?

Imaginons que quelqu'un, dans le futur, découvre nos empreintes préservées dans la roche. Les empreintes fossiles parlent de créatures mortes depuis longtemps.

Les fossiles découverts ne représentent qu'une faible partie des animaux ayant vécu dans le passé.

Un fossile de dinosaure

Le squelette de ce dinosaure a été préservé, car l'animal a été recouvert de boue peu après sa mort et compressé entre des couches de sédiments.

fossile en étudiant les roches environnantes.

Grosses dents

Les dents fossiles abondent. Les dents se conservent très bien, car elles sont très dures. Celles-ci appartenaient à un dinosaure appelé iguanodon.

Un nettoyage prudent

Il faut beaucoup de temps pour extraire un gros fossile de la roche dont il est prisonnier. Les paléontologues veillent à ne pas l'abîmer.

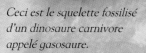

Ceci est le squelette fossilisé d'un dinosaure carnivore appelé gasosaure.

S'il le faut, on dégage grain après grain la roche et la poussière entourant le fossile.

À retenir

- Les os, les dents ou la coquille sont les parties d'un animal qui se fossilisent le mieux.

- On trouve aussi des empreintes ou des pistes fossiles.

- Les fossiles sont mis au jour dans les roches sédimentaires telles que le calcaire.

Chercheur de pierres

Pourquoi ne pas commencer une
collection en recherchant des pierres ?
Il y aura peut-être un fossile !

La forme spiralée de cette ammonite fossilisée depuis longtemps se retrouve aujourd'hui dans les coquilles de nautiles.

Pierre après pierre

Cet enfant cherche des fossiles. Cela dépend
de la région où l'on vit, mais mieux vaut être
prudent lorsqu'on soulève une pierre :
elle peut parfois cacher un animal dangereux.

*On peut commencer une
collection par des cailloux
de différentes couleurs.*

Échelle de Mohs

On utilise l'échelle de
Mohs, établie en 1813,
pour mesurer la dureté
d'une roche. Plus le
nombre est élevé, plus
la pierre est dure.

1 Talc	**2** Gypse	**2,5** Ongle	**3** Calcite	**4** Fluorite

La comparaison entre une limule actuelle et un fossile de limule montre que l'animal a peu évolué.

La coquille du nautile est faite de calcium.

Comme aujourd'hui

Certains fossiles ressemblent à des animaux actuels. Cette coupe d'une coquille de nautile révèle les mêmes cavités que celles des ammonites du passé.

Encore bien portants

Les limules sont des « fossiles vivants » : des animaux dont on a découvert les fossiles avant de trouver des individus vivants.

Caillou-cadeau

Ceci ressemble à un gros caillou à l'allure de pomme de terre moisie. En fait, c'est une matrice. Si on la casse, on découvre de beaux cristaux à l'intérieur.

5		6	7	8	9	10
Apatite		**Orthose**	**Quartz**	**Topaze**	**Corindon**	**Diamant**
	5,5 **Clou en acier**					

Que fait-on avec…

Les roches, les minéraux et les métaux qu'on en extrait entrent dans la fabrication de beaucoup d'objets du quotidien. Voici quelques exemples.

Avec l'argile :
livres
crayons
poterie

Avec la fluorite :
dentifrice
faïence
eau

Avec le grenat :
papier de verre
verre
bijoux

Avec le calcaire :
produits d'entretien
livres
béton

Avec le quartz : ordinateurs

radios

piles de montre

Avec le sable siliceux :

téléviseurs

verre

seaux en plastique

Avec l'argent :

téléphone

appareils photo

cadres

Avec le soufre :

pellicules

allumettes

papier

Avec le talc :

peinture

faïence

poudre de talc

Glossaire

Voici quelques définitions de mots utiles pour partir
à la découverte des roches et des minéraux.

Alliage Métal fabriqué à partir de deux métaux ou plus.

Basalte Roche magmatique la plus abondante.

Carrière Endroit où l'on extrait des roches.

Charbon Roche formée sur des millions d'années à partir de végétaux enfouis et compressés.

Cheminée de fée Colonne de roche tendre surmontée d'un chapeau plus dur qui la protège de l'érosion.

Cristal Forme particulière et régulière sous laquelle se présentent naturellement certains minéraux.

Érosion Transformation d'un paysage par fragmentation et enlèvement des roches.

Fossile Restes d'animaux ou de végétaux anciens ou traces de leur activité préservés dans la roche.

Glacier Masse de glace et de neige s'écoulant sous son propre poids.

Lave Roche fondue (magma) qui jaillit à la surface de la Terre.

Lignite Roche formée à partir de végétaux avant que ceux-ci deviennent du charbon.

Magma Roche fondue dans les profondeurs de la Terre.

Manteau Partie de la Terre située entre la croûte et le noyau.

Météore Morceau de roche et de métal provenant de l'espace, qui brûle en pénétrant dans l'atmosphère terrestre.

Météorisation Fragmentation de la roche par l'eau, le vent, le gel, les variations de température ou les végétaux.

Météorite Morceau de roche et/ou de métal provenant de l'espace, qui parvient à la surface de la Terre.

Mine à ciel ouvert Mine creusée en cuvette à la surface et non sous forme de galeries souterraines.

Minerai Roche contenant du métal utilisable.

Minéral Solide naturel possédant des caractéristiques particulières (par exemple la dureté), qui compose les roches.

Pépite Petit bloc de métal précieux.

Roche magmatique Roche formée par le refroidissement et le durcissement de magma ou de lave.

Roche métamorphique Roche fondue sous l'action de la chaleur et de la pression qui, en refroidissant, cristallise sous une forme différente de celle qu'elle avait à l'origine.

Roche sédimentaire Roche formée par durcissement d'une masse de sédiments.

Sédiments Petits morceaux de roche, de matière végétale ou animale, transportés puis déposés par l'eau, le vent ou les glaciers.

Index

Remerciements

Dorling Kindersley remercie : Dorian Spencer Davies pour les illustrations originales, Fleur Star pour le glossaire et Pilar Morales pour la fabrication.

Crédits photographiques

L'éditeur remercie les personnes suivantes de l'avoir autorisé à reproduire leurs photographies/images :
h = haut ; c = centre ; b = bas ; g = gauche ; d = droite ; t = tout en haut
DK : NHM = DK Picture Library : Natural History Museum,
SPL = Science Photo Library

1 Corbis : David Forman/Eye Ubiquitous ; **2-3 Corbis :** Darrell Gulin ; **5td & tcd DK :** NHM, **5bg & bcg** GeoScience Features Picture Library, **5bcd Corbis :** Lester V Bergman, **6t Getty Images :** Schafer & Hill, **7tg SPL :** Stephen & Donna O'Meara, **8bg SPL :** James A. Sugar, **8-9c Getty Images :** Spencer Jones, **8-9b SPL :** Bill Bachman, **9t Corbis :** Galen Rowell, **9tg & cg DK :** NHM, **9c & b Corbis :** M. Angelo, **10bg Corbis :** Martin Jones, **10bd** GeoScience Features Picture Library, **11 Corbis :** Ric Ergenbright, **11tcd DK :** NHM, **12-13 Ardea London Ltd :** Ake Lindau, **12c Ardea London Ltd :** P. Morris, **12 bg & bd DK :** NHM, **13c, bg, bc & bd DK :** NHM, **13t Powerstock :** Liane Cary, **14-15 Corbis :** WildCountry, **14tg Corbis :** Richard Klune, **14td** GeoScience Features Picture Library, **14b Corbis :** Araldode Luca, **16-17 SPL :** Mike Agliolo, **16d SPL :** Detlev Van Ravenswaay, **17c SPL :** Eckhard Slawik, **17t SPL :** Mehau Kulyk, **17b SPL :** Bill Bachman, **18 Corbis :** Annie Griffiths Belt, **18tg DK :** NHM, **19t Corbis :** Craig Lovell, **19b Corbis :** Roger Ressmeyer, **20-21 SPL :** David Nunuk, **20d Corbis :** Royalty-Free, **22-23 SPL :** Bernhard Edmaier, **22t SPL :** Simon Fraser, **23c Ardea London Ltd :** Francois Gohier, **24 SPL :** Sinclair Stammers, **25t DK :** NHM, **25cd SPL :** Cristina Pedrazzini, **25 bg & bd SPL :** Vaughan Fleming, **26-27 & 26bcd SPL :** Alfred Pasieka, **26tg SPL :** J.C.Revy, **26c SPL :** Lawrence Lawry, **26bg DK :** NHM ; **27td, cdb, bd, bcd & bdg DK :** NHM, **28-29 Corbis :** Tim Graham, **30-31 Corbis :** Yann Arthus-Bertrand, **30b Getty Images :** Jaime Villaseca, **31tg DK :** NHM, **31b Corbis :** The State Russian Museum, **32 Corbis Sygma :** Pierre Vauthey, **33td DK Picture Library :** Museo de Zaragoza, **33c DK Picture Library :** Museum of London, **33bg Corbis :** David Lees, **34 Corbis :** Ric Ergenbright, **35td & bg DK Picture Library :** Museum of London, **35bd DK Picture Library :** British Museum, **36-37 Corbis :** Lee White, **37tg DK :** NHM, **37cb Corbis :** Michael Prince, **38-39 Ardea London Ltd :** Jean-Paul Ferrero, **39tg SPL :** Astrid & Hanns-Frieder, **39td SPL :** Peter Menzel, **39cg DK :** NHM, **39bd SPL :** Martin Land, **40-41 SPL :** Mehau Kulyk, **40tg DK :** NHM, **40bc SPL :** Sinclair Stammers, **42-43 SPL :** Lawrence Lawry, **42cg Getty Images :** Clarissa Leahy, **Corbis :** Jeffrey L. Rotman, **43bcg DK :** NHM, **43bd SPL :** Alfred Pasieka, **44td DK Picture Library :** British Museum, **45tg DK :** NHM, **46-47 Corbis :** Owaki-Kulla, **48g & 49d SPL :** Dr Jeremy Burgess.
Couverture : 1er plat, bandeau de gauche à droite : Vaughan Fleming/ Science Photo Library, Liane CARY/AGE/HOA-QUI, Wildcountry/ Corbis ; **image 1er plat :** Roger Ressmeyer/CORBIS ; **dos :** Natural History Museum ; **4e plat :** David Forman - Eye Ubiquitous/ CORBIS, h. **Toutes les autres images :** © Dorling Kindersley.